explorar
y crear

explorar
y crear

35 trabajos artesanales con materiales encontrados en la naturaleza

Clare Youngs

editorial juventud

Barcelona

Título original: FIND IT, MAKE IT. OUTDOOR GREEN CRAFTS FOR CHILDREN

© Diseño y fotografías: CICO Books, 2011
© Texto: Clare Youngs, 2011
Con el acuerdo de Ryland Peters & Small Ltd
20-21 Jockey's Fields, London WC1R 4BW

www.cicobooks.com

De la traducción castellana:
© Editorial Juventud, S. A., 2012
Provença, 101 - 08029 Barcelona
info@editorialjuventud.es
www.editorialjuventud.es

Traducción de Pablo Martín Manzano
Primera edición, 2012

ISBN: 978-84-261-3887-3

Núm. de E. J.: 12.399

Printed in China

Contenidos

Introducción

Es sabido que a los niños les gusta recoger y coleccionar objetos, pero ¿cuántas veces esos cubos llenos de conchas y algas que trajeron de unas vacaciones en la playa quedaron abandonados fueran de la casa, o cuántas veces al final del invierno encontramos sacos llenos de castañas marchitas que debían tirarse a la basura? ¡Pues eso se acabó! Todos esos tesoros encontrados durante un paseo por el bosque o en un día de playa pueden transformarse en manualidades amenas y creativas. Solo hay que proveer a los niños de un espacio de trabajo, cola y pintura, y se mantendrán ocupados durante horas. En este libro hay proyectos para todos: para los niños, para las niñas, para los más pequeños y para los más experimentados.

No es necesario ir muy lejos para encontrar materiales útiles. Con solo explorar el jardín trasero nos sorprenderemos de la cantidad y variedad de materiales que pueden servir para crear artesanías: desde hojas y flores hasta piedrecillas y trozos de madera. Muchos de los trabajos contribuirán a que tus hijos aprendan técnicas tradicionales como el prensado de flores o el frotado con lápiz de cera sobre una corteza, y si bien es cierto que se trata de manualidades antiquísimas, las ideas son originales y modernas, y, lo más importante, tus hijos se lo pasarán de fábula poniéndolas en práctica.

Todos los trabajos pueden realizarse siguiendo los pasos de las instrucciones, pero no se trata de hacer copias exactas. Este libro estimula la imaginación y la experimentación. Con una pequeña ayuda tus hijos serán capaces de explorar sus propias posibilidades creativas. Puede que para ellos las conchas no se parezcan a un ratón, ¡sino a un dinosaurio! Es probable que no tengan castañas a mano, ¿así que por qué no intentarlo con cáscaras de nueces? En cualquier caso, lo que tus hijos consigan crear será un objeto único y se divertirán mucho durante todo el proceso creativo. Una excursión en busca de materiales también puede ser una ocasión para pasárselo bien. Dales a los niños una lista y un cubo, y una vez que hayan encontrado todo lo necesario enséñales a hacer algo que puedan llevarse a casa al final del día.

En estos días en los que se habla tanto del medio ambiente, *Explorar y crear* también tiene el propósito de hacer que los chicos sean más conscientes del mundo en el que habitan y de la importancia de reciclar. Confiamos en que a través de los trabajos que propone este libro empezarán a pensar más en las cosas que los rodean y en cómo pueden utilizarse de un modo imaginativo y novedoso en lugar de depender siempre de los materiales comprados en las tiendas. Es bueno aprender que lo nuevo y reluciente no siempre es lo mejor. Con un poco de creatividad y dedicación incluso las cosas más sencillas de cada día, como las ramas o las piedras, pueden convertirse en algo fascinante o atractivo. Otro aspecto positivo de trabajar con materiales encontrados es que son completamente gratuitos, ¡o sea que es bueno por donde se lo mire!

Muchos de los proyectos de este libro ofrecen al niño la posibilidad de crearse un recuerdo duradero de unas vacaciones felices o de un paseo divertido por el parque. Haz que tus hijos presten atención a las ramas de formas extrañas, los trozos de corteza desprendidos de los árboles, las piñas de los pinos, las conchas y piedrecillas curiosas, y enseguida ellos ya estarán creando animales y criaturas maravillosas, joyas preciosas, bonitas obras de arte y regalos llenos de encanto. Conseguir que apaguen la tele y el ordenador y salgan al aire libre para conectar con la naturaleza es sin duda en estos tiempos el mejor de los planes.

A prepararse

Kit básico de manualidades

Recolección de materiales

Kit básico de manualidades

Si bien todas las manualidades requieren de materiales encontrados, necesitaremos algunos elementos imprescindibles para empezar a trabajar en casa.

Pegamento

Hay diferentes tipos de pegamento. Para muchos de los trabajos de este libro puedes utilizar cola blanca. Es sumamente útil para pegar la mayoría de las cosas. Si los niños tienen que adherir objetos muy pesados deberán dejarlos quietos un rato para que se sequen antes de dar el siguiente paso. Para algunos trabajos necesitarán un pegamento más fuerte. Un adhesivo rápido multiuso sería ideal. Por tratarse de un pegamento potente tendrás que vigilar a tus hijos mientras lo usen. El pegamento de barra es muy práctico para encolar pequeños objetos planos, como hojas y flores que van adheridas a un papel.

Tijeras

En el momento de cortar algo utilizaremos siempre las tijeras con cuidado. Para cortar ramas gruesas o cortezas es recomendable la ayuda de un adulto.

Pintura

Para muchos de los trabajos he utilizado pintura acrílica, aunque la pintura al agua también sirve. Las pinturas para tela son muy útiles; solo tienes que seguir las indicaciones del fabricante para que se asiente la tinta una vez que hayas realizado tu diseño. Escoge diferentes colores de pintura y utiliza un plato viejo como paleta de mezcla para crear nuevos colores. Ten a tu alcance algunos botes usados y limpios, pueden ser de vidrio o envases de yogur: te servirán como recipientes de agua para cuando tengas que limpiar los pinceles. Una selección de pinceles es fundamental, y necesitarás sobre todo algunos pinceles finos para pintar detalles.

Bolígrafos y lápices de color

Para algunos trabajos me gusta usar rotuladores. En ocasiones pueden resultar mejor que las pinturas, sobre todo cuando hay que pintar sobre objetos pequeños donde el uso del pincel complica el trazo de un detalle sutil. Los lápices de cera y pastel van de maravilla para las cortezas y las hojas.

Cuerda e hilo

Tener un ovillo de cuerda a mano es muy práctico, ya que puede servirnos para diversos trabajos, como atar dos trozos de madera o hacer las patas de un insecto con cuerpo de piña. Vienen en diferentes colores, así que escoge uno que combine con tu juego de colores favorito. El hilo encerado también está disponible en varios colores y su revestimiento suave y brillante lo hace ideal para usarlo con pendientes u otras joyas.

Cosas que podemos encontrar en casa

Una buena idea es juntar aquellos materiales domésticos tan útiles a la hora de hacer manualidades. Además de las tijeras, la cola, las pinturas y los pinceles siempre tendremos a mano los siguientes elementos:

Periódicos y papel

Con algunos trabajos vamos a ensuciarnos mucho, especialmente con aquellos en los que utilicemos pinturas. Ensuciarse suele ser divertido, pero antes de empezar asegúrate de tener una buena cantidad de periódicos viejos para cubrir la superficie sobre la que vas a trabajar. Otra alternativa podría ser un plástico lavable, ideal para cubrir la mesa, además de que puede volver a usarse una y otra vez. También procura tener a mano un buen surtido de papel para reciclar. Guarda cualquier trozo de papel con un diseño gráfico interesante, como páginas de revistas viejas o envoltorios de regalos, así como papeles lisos que podrás convertir en el papel artesanal decorado de la página 60.

Telas y cintas

Antes de deshacerte de ropa vieja como jerséis, camisetas y vestidos piensa en la utilidad que podrías darle convirtiéndola en jirones. Empieza a guardar todos los trozos de tela y cintas que te gustaría volver a usar en una caja de costura, así podrás recurrir a ella una y otra vez y encontrar el retazo perfecto para tu creación. Las cintas son algo con lo que siempre conviene contar, pues sirven para un montón de cosas, tanto para colgar un cuadro como para hacer el moño de un regalo.

Alimentos

Te sorprenderá saber cuántos materiales
pueden encontrarse en la cocina. Las
castañas pueden convertirse en toda
clase de animales y personajes.

Las cáscaras de nueces son perfectas
para construir los nidos de los pajaritos
de la página 100, mientras que los
personajillos de la página 97 se modelan
con granos de pimienta y mini calabazas
secas. Los guisantes y las lentejas crudas
sirven para hacer ojos y narices.

Hay frutas pequeñas, son útiles para
imprimir, y no te olvides de conservar
la corteza de las frutas más grandes para
usarla como casco de un barco de vela,
como el que aparece en la página 54.

Recolección de materiales

Qué recoger y cuándo

Siempre que estés al aire libre mantén los ojos bien abiertos en busca de materiales apropiados para trabajar. Te sorprenderá la variedad de tesoros naturales que pueden recogerse en un parque o en un jardín a lo largo del año.

En el invierno por lo general las plantas permanecen en estado durmiente, pero aun así pueden encontrarse un montón de cosas ahí afuera. Uno de los mejores materiales para buscar son los trozos de corteza, ya que los árboles desarrollan cortezas blancas de formas sugestivas que son perfectas para realizar el frotado con lápiz de cera, como verás en la página 34, o para hacer el portalápices de la página 42. Las hojas de helecho tienen una forma fascinante, genial para el estampado del papel de regalo de la página 76.

Durante los meses de primavera y verano verás un montón de flores en el jardín y en el bosque. Las hojas vuelven a brotar, y reaparecen las margaritas y las hierbas. En esta época es divertido salir de excursión, pues el tiempo es ideal para recolectar, tanto si estás pensando en viajar a la playa como si solo vas de cacería por tu jardín. Una buena idea es aprovechar esta época para juntar hierbas y flores, y luego ponerlas a secar en el interior para usarlas en futuros proyectos.

El otoño es una estación maravillosa para explorar la naturaleza, ya que esta se halla en pleno momento de cambio. Lo más llamativo es el cambio de color de las hojas, así que mientras tengas la oportunidad recoge tantas como puedas: te encontrarás con unos ejemplares preciosos. Esta es la mejor estación para crear el personajillo silvestre de la página 97, pues abundan las castañas y las bellotas. También empiezan a aparecer los dientes de león, que siguen creciendo durante el invierno.

Hay muchas cosas que puedes recoger a lo largo del año. Siempre tendrás a mano una buena cantidad de ramitas, piedras y piedrecillas. Los árboles que están siempre verdes te proveerán de piñas y hojas interesantes que podrás emplear para hacer estampados y envoltorios de papel (ver página 60), mientras que las conchas y la arena están disponibles en la playa todo el año.

Qué llevar

En cualquier excursión hay cosas esenciales que deberás llevar. Lo primero, asegúrate de vestirte adecuadamente para permanecer al aire libre. Si ha estado lloviendo mucho no olvides tu chubasquero y las botas de goma para evitar resbalarte o que se te mojen los pies. Además, siempre es divertido chapotear en los charcos si vas bien protegido. Si hace mucho calor ponte un sombrero y algo de crema para protegerte del sol.

Necesitarás algo donde colocar todo lo que recojas. Para eso un cubo o una cesta de jardinería vienen de perlas, aunque un saco también podría servir. Solo asegúrate de que no sea un recipiente nuevo, ¡ya que podría ensuciarse!

Dónde buscar

En el parque y en el bosque

Después de explorar un par de horas en el bosque o en un parque de tu ciudad tendrás una cantidad abundante de objetos para convertir en animalitos, adornos, regalos y mucho más. Uno de los materiales más recomendables son las hojas, pues son muy versátiles y se pueden convertir en muchas cosas divertidas para jugar. Busca sobre todo las hojas de colores que aparecen en otoño, cuando adquieren esas bonitas tonalidades amarillas y rojizas. Las hojas más pequeñas son magníficas para añadir un detalle decorativo a una manualidad, ya sea usándolas como plantillas para los huevos de Pascua (ver página 46) o para el frotado sobre papel.

Presta atención a las piñas de los pinos y a las cabezas de semillas. Sirven sobre todo para crear animales o figuras, ya que las piñas de diferentes tamaños pueden utilizarse para componer diferentes partes del cuerpo (ver páginas 89 y 105).

Otro material que abunda en los bosques y parques son las ramas, ¡las encontrarás por todas partes! Junta un buen manojo que contenga variedad de formas y tamaños y utilízalas para formar las letras de tu nombre como en la página 30, o bien para construir la balsa de la página 57. Busca también diferentes tipos de hierbas o espigas y utilízalas para crear un sol radiante como el de la página 49.

En el jardín y en el patio

Lo mejor de utilizar materiales reciclados es que hay un montón de cosas esperándote al otro lado de la ventana de tu habitación. El jardín de tu casa es un sitio fantástico para empezar. Allí encontrarás todo tipo de elementos para utilizar en futuros proyectos. Echa un vistazo a las flores del jardín y fíjate si alguna puede servirte para la mariposa de flores prensadas de la página 24 o para la bolsa estampada de la página 71. Pero no cojas nada sin el permiso de un adulto, ya que las flores podrían estar creciendo para otro uso. No te olvides de la hierba y los hierbajos. Las margaritas y los botones de oro son ideales para el prensado y pueden encontrarse en el jardín durante los meses más calurosos.

Fíjate también en las macetas viejas, pues podrías revivirlas con un poco de arte y color, como las macetas con orugas pintadas de la página 64, o las de la página 86, con rostros divertidos y peinados frondosos.

En casa

Antes de tirar cosas a la basura piensa si podrías utilizarlas para realizar alguna manualidad en el futuro. ¿Recuerdas la naranja que exprimiste para el desayuno? Pues bien, guarda la corteza y enjuágala, y luego úsala para construir barcos de frutas similares a los de la página 54. Y si necesitas una vela para tu barco recorta una bolsa de plástico o un saco viejo. Los botes vacíos siempre sirven como recipientes, no solo para guardar semillas, conchas pequeñas y demás, sino también como azucareros (ver página 68).

Las hojas de las plantas grandes de la casa también sirven y pueden emplearse para tejer una fuente (ver página 82), pero antes de empezar a esquilmar las plantas más preciadas, ¡pídele permiso a un adulto! Si a ti o a tus padres os regalan un ramo de flores, no lo tiréis cuando empiecen a marchitarse: corta las corolas y déjalas en un lugar seguro para que se sequen. Luego podrás crear los personajes de una familia de flores (ver página 89).

En la playa

Un paseo sin prisa por la playa te permite hallar toda clase de tesoros. Es fundamental recoger conchas, ya que son piezas imprescindibles para la mayoría de los trabajos que se proponen en este libro, como la mariposa de conchas con imanes para el frigorífico de la página 50, los brazaletes de fieltro y conchas de la página 79, o bien el cuadro de la sirena de la página 92. La playa es también el sitio ideal para encontrar pedazos de madera flotante. El mar a menudo desgasta la madera dándole un aspecto atractivo que resulta muy apropiado para crear criaturas extrañas (ver página 94), o bien un mini escenario marino (ver página 33).

Pensar en el medio ambiente

Explorar la naturaleza en busca de materiales es genial, pero recuerda siempre respetar el entorno y no interrumpir ningún proceso que no debería ser alterado. El medio ambiente es frágil y arrancar algo que debe permanecer en su lugar natural puede afectar a las demás cosas del entorno. Como norma general, limítate a recoger cosas del suelo y no cojas nada de los árboles. No arranques flores silvestres a menos que te encuentres en un campo donde crecen en abundancia; solo entonces coge unas pocas. Vigila al recoger bayas, nueces o frutos, ya que pueden contener bichos y en ocasiones ser venenosos. Antes de recogerlos consúltalo con un adulto para evitar problemas potenciales. Mantente alejado de las setas, ya que con frecuencia son venenosas. En la playa no arranques nada de las rocas de la orilla. Es fascinante observar las plantas y criaturas que viven allí, pero su hábitat natural no debería ser destruido. Limítate a recolectar en la playa, ya verás la cantidad de cosas interesantes que encontrarás.

Guardar y conservar

Cuando llegues a casa con tu colección lo mejor es que te pongas a separar los objetos para guardarlos. Lava y deja secar todas las conchas y piedrecillas antes de guardarlas. Las viejas cajas de zapatos son muy útiles para conservar los objetos más grandes, como ramas y hojas. El cartón de huevo resulta práctico para guardar conchas diminutas y semillas. Convierte los botes de vidrio vacíos en recipientes ideales para almacenar objetos: llénalos con piñas, conchas o bellotas, y quedarán de maravillas expuestos en un estante.

Capítulo 1

Para exhibir

Mariposa de flores prensadas

Prensar flores es una placentera actividad de verano. Podrían pegarse en un álbum de recortes, pero yo prefiero hacer algo realmente especial con ellas. Este cuadro de una mariposa es un obsequio precioso, y con las flores que te sobren podrías hacer tarjetas de regalo e invitaciones. Si no encuentras flores para prensar, haz una fotocopia de las plantillas de las páginas 115-116 y utilízalas.

Material

Un marco de cuadro de madera, blanco o sin pintar
Pintura blanca de acrílico (opcional)
Pincel
Hojas, pétalos y flores prensadas
Cola
Papel blanco liso
Tijeras

1 Si tienes un marco de madera sin pintar, pinta el exterior de blanco. Asegúrate de que las pinceladas sigan la dirección de las vetas de la madera. Déjalo secar.

2 Cuando la pintura esté seca coloca algunas flores, pétalos y hojas sobre el marco. Recréate en el diseño, y cuando te parezca que ha quedado bien, pega cada cosa en su sitio.

3 Corta una lámina de papel que encaje en el marco y coloca sobre ella el resto de flores y hojas dando forma a una mariposa.

Consejos

Prensar flores es fácil. Recoge algunas flores y hojas de tu jardín, después de pedir permiso (no cojas flores silvestres). Las flores pequeñas y delicadas, como las margaritas o los pensamientos, van mejor que las grandes y abultadas. También puedes separar los pétalos, como en el caso de las rosas. Asegúrate de que las flores y hojas estén secas y no tengan bichos. Aplánalas y ponlas sobre una pieza grande de papel. Cúbrelas con más papel y colócalas debajo de una pila de libros. Las flores y hojas tardarán dos semanas en secarse, y entonces ya estarán listas para usarse.

4 Una vez que estés a gusto con el diseño pega las flores prensadas sobre el papel. Con cuidado coloca el collage en el cuadro.

El zorro del tapiz

Utiliza hojas y ramitas para crear este tapiz novedoso y sorprendente. Puedes experimentar con tu colección de piñas, vainas, hierbas y hojas para los diferentes rasgos del zorro. Intenta retratar a otros animales, como una ardilla, o un simpático erizo utilizando una hoja grande para el cuerpo y ramitas para hacer las púas.

Material

La plantilla de la página 117
Papel de calco y lápiz
Tijeras
Tela de lona
Pintura para tela en dos colores
Pincel
Una selección de hojas y ramitas, piñas de pino y piedrecillas
Una vara larga para colgar el tapiz
Cinta adhesiva de doble cara
Cuerda

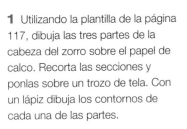

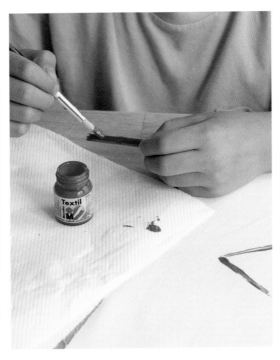

1 Utilizando la plantilla de la página 117, dibuja las tres partes de la cabeza del zorro sobre el papel de calco. Recorta las secciones y ponlas sobre un trozo de tela. Con un lápiz dibuja los contornos de cada una de las partes.

2 Pinta una ramita con pintura para tela y colócala sobre la tela, presionando con mucho cuidado para imprimir el contorno de la cabeza y la nariz siguiendo las líneas de lápiz. Si es necesario vuelve a pintar la ramita. Vigila que no se corra la pintura húmeda.

3 Recorta un cuarto de la parte inferior de una hoja y emplea el resto como molde para las orejas. Pinta la hoja por un solo lado y aplícala sobre la tela junto al borde de la cara del zorro. Repite la operación para imprimir la otra oreja.

4 Coge una hoja más pequeña y pliégala por la mitad con sumo cuidado. Recorta un semicírculo en el centro de la hoja y vuelve a desplegarla. Ya tienes la plantilla para los ojos.

5 Pinta la hoja por un solo lado y colócala sobre el papel para estampar los ojos.

6 Sumerge la punta de una ramita en un plato con pintura. Úsala para rellenar la parte del medio de la cara imprimiendo puntos. Puedes usar dos colores para crear tu modelo. Luego moja una piña en pintura y estampa una serie de puntos en la zona interior de la sección de los ojos.

7 Para colorear la zona exterior de los ojos utiliza una ramita más fina e imprime una serie de líneas. Con la misma ramita podrás hacer los bigotes del zorro. Para terminar sumerge una piedra en pintura e imprime el hocico en la parte inferior de la cara.

8 Una vez que la pintura esté seca, enrolla el borde superior de la tela en una vara y fíjala con cinta adhesiva. Ata un trozo de cuerda en cada extremo de la vara. Ya puedes colgar el tapiz.

Ramas y letras

Material

Ramas
Pintura blanca
Pinceles
Pinturas de colores
Pegamento

Estas alegres letras de colores son una idea genial para darle un toque personal a tu habitación. Quedarán muy bien en la puerta o encima de la cama. También puedes hacer la letra inicial del nombre de tu mejor amiga, que además te servirá para decorar un regalo. Solo tienes que forrarla con un papel de seda brillante y atarla al paquete con un bonito lazo.

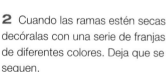

2 Cuando las ramas estén secas decóralas con una serie de franjas de diferentes colores. Deja que se sequen.

3 Sigue decorando las ramas con franjas de colores, o experimenta con otros motivos: estrellas, puntos, flores. ¡Cuánto más alegres mejor!

4 Une los trozos con pegamento para formar las letras. Espera hasta que el pegamento esté bien seco, y entonces ya podrás exhibirlas donde más te guste.

1 Reúne varias ramas del mismo grosor. Rómpelas para obtener trozos de diferentes medidas y prueba con ellos hasta dar forma a diferentes letras. Pinta los trozos de blanco. Puede que necesites varias capas de pintura blanca hasta que estén bien cubiertos. Intenta mantener juntos los trozos de ramas que pertenecen a una misma letra, para que no se acaben mezclando.

Consejos

Para diseñar letras curvas como la C o la P tendrás que disponer las ramas formando cuadrados o triángulos. Por ejemplo, una C se hace con tres ramas de la misma medida, unidas para formar tres lados de un cuadrado. La P requiere de una rama larga para la parte recta de la letra, y dos ramas más cortas que irán unidas en la parte superior de la primera formando un triángulo.

Un escenario marino

Un paseo por la playa puede obsequiarte con tesoros fascinantes. Además de piedras, conchas y algas puedes encontrar fragmentos de cristales de colores, trozos de cuerda, madera flotante de todas las formas y tamaños, y, si tienes suerte, puede que hasta encuentres un fósil. Un bastidor es el mejor expositor para estos hallazgos. Con solo pintar pequeñas dibujos sobre los trozos de madera convertirás tu colección en un mini escenario marino.

Material

Un bastidor
Pintura azul y blanca, más un
   surtido de colores
Pincel
Hallazgos en la playa: conchas,
   algas, arena, piedrecillas,
   madera.
La plantilla de la
   página 117
Papel de calco y
   lápiz (opcional)

1 Pinta el marco exterior del bastidor de un azul claro. Quita el fondo del bastidor y píntalo de azul y blanco para representar el cielo. Para eso emplea el azul como color de fondo y una vez que esté seco traza algunas vetas en blanco.

2 Coloca el cristal y el marco interior dentro del marco exterior. Ya puedes empezar a rellenar el bastidor con piedrecillas y conchas. Recuerda que aquellas que queden en el fondo no podrán verse, pues estarán ocultas por el marco y solo servirán de relleno. Coloca tus piezas favoritas junto al cristal, de modo que estén a la vista. Rellena el bastidor hasta la mitad con arena y piedras.

3 Pinta algunas escenas marinas sobre los trozos de madera. Puedes pintar cabañas, gaviotas, tumbonas, sombrillas o pequeños botes de pescadores. Si quieres, puedes utilizar la plantilla de la página 117. Cuando acabes espera hasta que se seque.

4 Entierra las maderas en la capa de piedras y arena. Vuelve a colocar el fondo del bastidor y fíjalo bien. Ten cuidado al enderezar el bastidor, pues las piedras se correrán con el movimiento.

Frotado sobre corteza y un marco elegante

La corteza y las hojas de los árboles son ideales para el frotado con lápiz de cera, un arte con el que se consiguen efectos y texturas maravillosas. Utiliza muchos colores vivos y recorta diferentes formas para crear una obra plástica radiante. Tu cuadro quedará espléndido rodeado de un elegante marco blanco hecho con ramas.

Material

Un marco de madera blanco o sin pintar
Papel de color para el fondo
Una selección de ramitas
Pintura acrílica blanca
Pincel
Pegamento rápido
Papel blanco fino
Tijeras
Un trozo de corteza y hojas pequeñas
Ceras de diferentes colores
La plantilla de la página 118, papel de calco y lápiz (opcional)
Pegamento de barra

1 Prepara el marco. Para eso debes pintar las ramas con pintura acrílica blanca y dejar que se sequen. Si tienes un marco sin pintar, dale también un par de capas de pintura. Coloca las ramitas alrededor del marco y pégalas en su sitio. Deja secar.

2 Prepara el fondo de tu cuadro. Para eso debes coger el papel del fondo del marco, trazar los contornos sobre el papel de color y recortarlo.

3 Coloca el papel blanco fino sobre la corteza y frótalo con lápices de cera de diferentes colores. Esto lo puedes hacer sobre la mesa con un trozo de corteza que hayas encontrado, o bien salir al bosque o al parque y frotar directamente sobre el tronco de un árbol.

4 Coge un papel blanco limpio y
frota con un lápiz de cera verde
sobre las hojas de árbol; luego
recorta las figuras de las hojas.

5 Dibuja los contornos de la plantilla de la página 118; luego recorta formas de diferentes colores para componer la silueta del pajarito. Necesitarás recortar el cuerpo, las alas, las patas, el pico y los ojos.

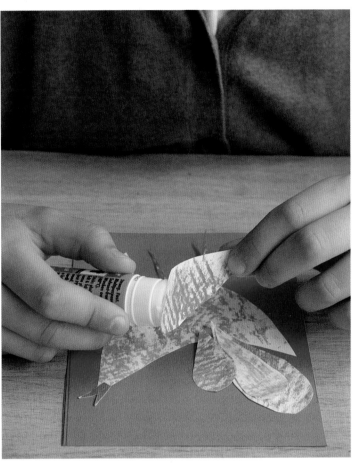

6 Pega cada una de estas partes sobre el fondo de color del cuadro, componiendo la figura del pajarito. Escoge un color a tono y dibújale un ojo.

7 Para acabar, pega una rama pequeña justo debajo de las patas del pajarito, y añade las figuras de las hojas en un extremo. Ya puedes enmarcar tu obra.

Pájaros colgantes

Las conchas planas son las más adecuadas para esta manualidad, pero puedes probar con diferentes tipos. Yo he colgado las aves de una cinta para crear una guirnalda, pero también pueden colgarse individualmente. Intenta pintar algunas ramitas de blanco y deja a las aves suspendidas creando un precioso efecto decorativo.

Material

Papel de diferentes colores (puedes reciclar un papel de regalo)
La plantilla de la página 117, papel de calcar y lápiz (opcional)
Tijeras
Conchas planas
Pequeñas hojas y ramas
Papel grueso o cartulina
Pegamento
Cuerda o cinta

1 Para hacer las alas recorta tres figuras ovaladas de papel de diferentes colores. Luego recorta la forma del pico y la del ojo. Puede que quieras usar las plantillas de la página 117. Finalmente corta dos ramitas del mismo largo para hacer las patas.

2 Pega las alas, las patas y el pico sobre la superficie de la concha. Las alas deben ir en la parte superior del «cuerpo». Deja secar el pegamento.

3 Corta un trocito redondo de papel para cubrir la parte posterior de la concha. Corta un trozo de cuerda o cinta y dóblalo por la mitad de modo que te quede una lazada. Pégalo en la parte posterior de la concha, con la lazada hacia arriba, y adhiere encima el trocito redondo de papel.

4 Para acabar, adhiere una hoja en el frente a modo de ala y el ojo donde corresponde. Una vez que todo esté seco ya puedes colgar tu pajarito.

La rana sujetalibros

Transforma dos piedras en una rana sonriente con un poco de pintura y pegamento. ¡Si haces dos ya tendrás una pareja de sujetalibros! Trabajarás con piedras grandes, así que una vez las hayas pegado tendrás que esperar un buen rato hasta que se seque el pegamento.

Material

Una piedra grande y plana
Una piedra mediana, fina y ancha (para hacer la sonrisa)
Dos piedras pequeñas y anchas
Pintura de varios colores
Un pincel pequeño
Pegamento
Barniz (opcional)

1 Fíjate que las piedras estén limpias y secas. Decora la más grande pintando puntos y flores. Esta será el cuerpo de la rana.

2 Cubre la piedra más fina con una capa de pintura verde. Deja que se seque y luego pinta una sonrisa a lo ancho con un color oscuro.

3 Para hacer los ojos de la rana pinta un círculo blanco sobre cada una de las piedras pequeñas, y añade un punto negro en el centro de cada círculo.

4 Une las dos piedras más grandes con pegamento, y luego adhiere los ojos en su posición. Puede que tengas que sujetarlos hasta que queden bien fijados. Si prefieres, puedes barnizar tu rana para darle un brillo bonito.

Consejos

La misma combinación de piedras que has utilizado para la rana puede servirte para crear la figura de un mono. Solo tienes que pintarlas de un modo diferente. Empieza pintando las piedras de marrón, luego dibuja la línea de la boca a lo largo de la piedra que va debajo, y los ojos en la piedra del medio. Para acabar, dibuja dos semicírculos en las dos piedras pequeñas de arriba, y ya tendrás las orejas.

La rana sujetalibros **41**

Arte aborigen

Este pequeño lagarto imita el estilo de la pintura con puntos de los aborígenes. En Australia los aborígenes pintan sobre la corteza extraída de los eucaliptus. Algunos de los colores tradicionales se obtienen del colorido suelo rocoso, o bien de polvos con líquido añadido. El trazo del dibujo está definido por la punta de una ramita. Mientras paseas por el parque o por el bosque busca en el suelo trozos de corteza que puedan servirte. Incluso los más pequeños pueden convertirse en algo útil y decorativo, como este portalápices. Intenta crear tus propios modelos (un pez o una serpiente serían adecuados) y plásmalos sobre la madera con la punta de una rama o un lápiz.

Material

Plantilla de la página 120
Papel de calco y lápiz
Tijeras
Un trozo de corteza
Un mínimo de tres instrumentos para pintar con extremos de diferentes formas (pueden ser un lápiz, un pincel, una pinza para la ropa, una cuchara de madera)
Pintura blanca
Pinturas de colores que contrasten

1 Calca la plantilla del lagarto de la página 120 y recórtala.

2 Coloca la plantilla sobre la superficie lisa de la corteza. Dibuja el contorno con lápiz y copia las marcas sobre la madera.

3 Coge uno de los instrumentos y sumérgelo en pintura blanca. Aplica puntos siguiendo las líneas de lápiz sobre la corteza para dar forma al cuerpo del lagarto.

4 Moja un instrumento de punta más fina en la pintura y delinea con puntos las patas y la lengua. Al final decora el resto del cuerpo con un color diferente que contraste. Emplea siempre extremos de diferentes formas para aportar variedad de trazos a la pintura.

Consejos

Procura utilizar instrumentos de puntas diferentes para crear efectos diferentes. Por ejemplo, con una pinza de tender la ropa, sin el alambre, obtendremos una bonita forma alargada.

Móviles de viento

Cuelga este bonito móvil sonoro en el jardín, en una ventana o en el interior, y escucha el tintineo de las conchas agitadas por la brisa. Si no puedes conseguir cinta de rafia de color, pinta algunas cintas lisas con rotulador o ata las conchas con cintas de colores alegres.

Material

Cinta de rafia
Tijeras
Conchas
Una rama larga para
 colgar los móviles

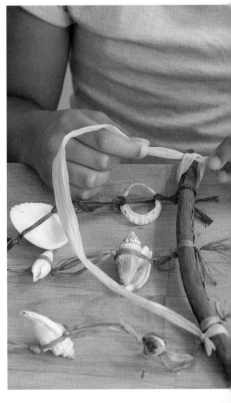

1 Para hacer el hilo corta dos trozos de rafia de cuarenta y cinco centímetros de largo. Entrelázalos haciendo un nudo a unos seis centímetros de las puntas.

2 Ata algunas conchas separadas por la misma distancia a lo largo del hilo. Asegúrate de que cada concha quede bien sujeta, haciendo un nudo en cada extremo de la misma.

3 Haz un nudo a unos cinco centímetros por encima de la última concha. Ata el hilo al palo.

4 Haz dos móviles más siguiendo el mismo método pero utilizando rafias de diferentes colores. Átalos al palo conservando la misma distancia entre ellos. Recorta las puntas de los hilos. Ata un trozo de cinta de rafia en cada extremo del palo formando un lazo para colgarlo.

Consejos

Cualquier otra cosa que hayas encontrado en la playa, como piedrecillas o trozos de cristales de color, también podrían servirte para fabricar un bonito móvil como recuerdo de tus vacaciones en el mar.

Huevos decorados

Este proyecto es una bonita manera de conocer la asombrosa variedad de hojas. Los helechos y los grupos de hojas pequeñas y delicadas resultan muy apropiados, mientras que los plumosos ramilletes de eneldo e hinojo son especialmente atractivos. Los huevos son coloreados con un poco de colorante alimentario. Prueba con sutiles colores pastel y así conseguirás una preciosa decoración para Pascuas.

Material

Varias ramitas de hojas pequeñas
    como helechos, eneldos e hinojos
Huevos blancos (huevos grandes,
    o huevos de pato)
Medias de nailon en desuso
    (que todavía estén tirantes)
Gomas elásticas
Colorante alimentario
Una taza y una cuchara

1 Escoge una hoja y ponla sobre el huevo en la posición que prefieras. Corta un pequeño retazo de las medias de nailon. Envuelve el huevo y la hoja con la tela, sujetándola por detrás con un nudo de manera que quede bien tirante. Asegúrate de que la hoja quede aplanada y la tela lisa, cubriendo toda la superficie del huevo.

2 Ciñe una goma elástica alrededor del huevo para mantener todo en su sitio.

3 Llena una taza con agua. Añade unas gotas de colorante alimentario y remueve para que se mezcle bien.

4 Sumerge el huevo en la taza. Déjalo unos minutos para que se tiña. Si quieres obtener un color más fuerte utiliza más colorante y deja el huevo en el líquido durante más tiempo.

5 Cuando hayas terminado de colorear el huevo, sácalo de la taza tirando del nudo de la tela. Quita la goma elástica, la tela y la hoja, y tu diseño quedará a la vista. Antes de exponerlo espera que se seque.

Consejos

Si quieres conservar tus huevos para usarlos como decoración al año siguiente, tendrás que vaciarlos. Pídele a un adulto que te eche una mano. Con una aguja haz un agujerito en uno de los extremos del huevo y otro un poco más grande en el otro extremo. Mete la aguja en el huevo para romper la yema. Vacíalo todo (la yema y la clara) a través del agujero grande (¡sin chupar!). Coloca el huevo vacío debajo del agua del grifo para que se limpie suavemente por dentro.

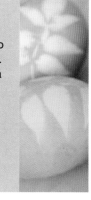

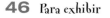

Un sol radiante

Quizá la hierba de los pastos te parezca algo más bien ordinario, pero en realidad hay una amplísima variedad de colores y formas. Cuando vayas de paseo por el campo presta atención a todos los tipos de hierba que puedes encontrar. Aquí he trabajado con espigas secas y arcilla para crear un sol radiante que podría brillar en cualquier pared.

Material

Arcilla
Un rodillo de
  amasar
Un molde para cortar
  galletas o un vaso
Hierbas, espigas, semillas
  o bellotas
Pincel o lápiz
Cintas

1 Amasa un trozo de arcilla hasta que tenga unos diez milímetros de grosor. Con un molde para galletas o un vaso recorta un círculo.

2 Incrusta algunas semillas, bellotas o briznas de hierba para componer el rostro: ojos, boca, nariz y mejillas.

3 Corta espigas de medidas similares y colócalas alrededor del borde del círculo para representar los rayos de sol. Rellena los espacios entre las espigas con otras de menor medida.

4 Con la punta de un lápiz perfora la parte superior de la figura, así te quedará un agujero para colgarla. Pero primero déjala secar. Una vez que la arcilla esté seca ya puedes pasar una cinta por el agujero y colgar tu adorno.

Consejos

La cara es de arcilla. Puedes excavar en el jardín, donde la tierra se convierte en arcilla. No es lo mejor para la jardinería, ¡pero sí para la artesanía! Si no encuentras arcilla en tu jardín no te preocupes, pues se consigue en cualquier tienda de artículos para manualidades.

Imanes para la nevera

En alguna ocasión, mientras exploras la playa en busca de conchas, puede que tengas suerte y encuentres una con sus dos caparazones. Entonces podrás convertirla en una bonita mariposa con un imán para colocarla en la puerta de la nevera. Pero si no puedes encontrar una de estas no te preocupes, ya que siempre podrás unir dos conchas parecidas, aunque quizá necesites un imán más grande para sostenerlas.

Material

Conchas
Pintura blanca y de diversos
  colores
Un pincel pequeño
Imanes pequeños
Pegamento

2 Coge dos conchas y pinta en cada una las alas de una mariposa o algún motivo sencillo. Intenta conservar la simetría en ambas pinturas.

3 Cuando te parezca que el motivo de las alas te ha quedado bien, pinta el cuerpo de la mariposa y las antenas en los bordes interiores de las conchas.

4 Cuando la pintura ya esté seca fija el imán en la parte posterior con una gotita de pegamento y deja que se seque.

1 Lava las conchas con agua caliente y jabón y sécalas con cuidado. Cuando estén secas dales una capa de pintura blanca.

Capítulo 2
Para divertirse

Barquitos de fruta

Estos coloridos barquitos son muy fáciles de hacer, y después de haber vaciado las cortezas de las frutas puedes prepararte una deliciosa ensalada de frutas. A mí me encanta reciclar, por eso he utilizado el papel en el que a veces vienen envueltas las frutas para hacer las velas. Pero tú puedes utilizar cualquier envoltorio, ya sea de regalos o de caramelos, o bien sobres o postales.

Material

Algunas frutas como melones, piñas, mangos, naranjas, o aguacates,
Trozos de papel o papel de seda
Una cuchara
Tallos o ramitas con hojas
Una bola pequeña de arcilla de modelar
Tijeras

1 Pídele a un adulto que te ayude a cortar la fruta en dos. Quita la pulpa con una cuchara, dejando entera la piel o la cáscara.

2 Deshoja la parte inferior de tu tallo o de tu ramita, dejando algunas hojas en la parte superior que harán las veces de bandera.

3 Toma el papel que has elegido y recorta una vela para el barco. Esta puede ser rectangular o triangular. Con el extremo inferior de la rama atraviesa la vela de papel cerca del borde superior, haciendo luego otra perforación cerca del borde de abajo.

4 Coloca la bola de arcilla en el fondo de la corteza de la fruta. Clava el mástil de la vela en la arcilla. ¡Ya estás listo para zarpar!

Una balsa

Ya sea en embarcaciones sencillas o en barcos de construcción más elaborada, hay algo sumamente satisfactorio en salir a navegar y avistar una balsa casera en el agua. Una vez que regreses de tu travesía, puedes colocar tu balsa en un estante del lavabo o de tu habitación. ¡Ya verás qué bien queda!

Material

Ramas o palos rectos y finos
Cuerda
Tijeras
Un retazo de arpillera
Una hoja grande
Una bola pequeña de arcilla
  de modelar

1 Corta algunos palos en trozos de igual medida, veinte centímetros aproximadamente, o del largo que tú prefieras. Alinea unos cuantos, según el ancho que decidas para tu balsa. Corta tres trozos de cuerda que midan cuatro veces el ancho de la balsa. Dobla por la mitad la primera cuerda y haz un lazo alrededor del primer palo, en un punto situado a un tercio del largo de la balsa.

2 Une el siguiente palo con el primero. Enrosca la cuerda, pasando un extremo por encima del otro, y haz otro lazo alrededor del siguiente palo.

3 Continúa repitiendo la operación del segundo paso para unir el resto de los palos. Al terminar haz un doble nudo y corta los cabos.

4 Repite los pasos 2 y 3 con los dos trozos de cuerda restantes, tratando de conservar aproximadamente la misma distancia entre las ligaduras.

Consejos

Puede que tengas que probar diferentes posiciones para colocar la arcilla, de modo que la balsa quede bien equilibrada. Si una parte de la balsa siempre se hunde en el agua es que lleva demasiado peso de ese lado. Añade un poco más de arcilla del otro lado y vuelve a dejarla en el agua. Si todavía sigue desequilibrada, añade un poco más de arcilla hasta lograr una correcta distribución del peso.

5 Corta un trozo rectangular de tela arpillera (yo he utilizado una bolsa vieja de café con grandes letras y números impresos). Atraviesa la tela con una rama para crear el mástil y la vela.

6 Coge la hoja grande y recorta la forma de una bandera, o si quieres utiliza la hoja entera. Incrústala en el extremo superior del mástil a modo de bandera.

7 Para fijar la vela en la balsa, coloca primero una pequeña bola de arcilla en el centro de la base, y haz presión con el mástil para incrustarlo en la arcilla. Ahora sí, ¡ya puedes enfrentarte a los rápidos!

Papel artesanal

Fabricar papel tiene algo especial y es realmente muy sencillo. Una vez que ya tienes unos cuantos puedes crear una colección variada de papeles de temporada, añadiendo pétalos de flores, hojas y semillas de acuerdo con la estación del año.

1 Empieza haciendo la pulpa de papel. Llena la palangana hasta la mitad con tiras y pedacitos de papel. Vierte suficiente agua en la licuadora hasta alcanzar los tres cuartos del recipiente. Solicita la ayuda de un adulto para poner a licuar la mezcla hasta que la pulpa esté hecha.

2 Vierte la pulpa de papel en una palangana. Añade dos jarras de agua, aproximadamente dos litros, y mezcla todo con las manos. ¡Te ensuciarás mucho!

3 Separa las dos partes del bastidor para bordar. Coloca una pieza de tela fina, como estopilla (muselina) o tul, sobre la parte más pequeña del bastidor. Mide y corta un cuadrado de unos tres centímetros más grande que el bastidor.

4 Coloca el círculo más ancho del bastidor sobre el más pequeño, y mantenlos apretados. Intenta no apretar mucho para que ambas partes del bastidor permanezcan niveladas, siempre dejando que el círculo exterior sobresalga ligeramente por encima del más pequeño.

5 ¡Ahora viene lo divertido! Mete las manos en el agua y distribuye la pulpa uniformemente. Luego sumerge el bastidor poco a poco en posición oblicua. Debajo del agua enderézalo y retíralo lentamente. Déjalo gotear.

6 Apoya el bastidor sobre un borde de la palangana y coloca encima las hojas, pétalos o semillas. Con una cuchara echa un poco de la mezcla de pulpa sobre las hojas o pétalos.

7 Suavemente coloca el bastidor sobre una toalla, retira ambos círculos y espera varias horas hasta que la mezcla se seque. Si la dejas durante la noche, al día siguiente ya debería estar seca, y entonces podrás separar la tela del papel.

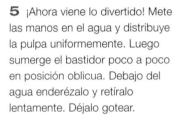

Consejos

El papel artesanal tiene muchos usos. Para hacer bonitas etiquetas de regalo puedes recortar figuras de pájaros, flores o mariposas (ver la página anterior), hacerles un agujerito y enhebrar un trozo de cinta. Si recortas rectángulos obtendrás un papel para escribir muy especial. Plegando los rectángulos por la mitad te quedarán unas tarjetas perfectas para escribir notas de agradecimiento. También puedes dividir el rectángulo en bandas estrechas y crear unos originales señaladores de libro para regalar a tus amigos.

8 Para hacer una libreta, recorta dos rectángulos del círculo y ya tendrás las tapas. Para las hojas del interior recorta papeles lisos de la misma medida. Con una perforadora agujerea todas las capas en un borde, pasa una cinta de colores por los agujeros y átalas con un lazo. Usa los recortes para etiquetas de regalo.

Macetas pintadas

Esta es una preciosa manera de utilizar todas aquellas piedrecillas que recogiste en la playa. Además es un regalo genial para una fiesta temática sobre manualidades. Para las etiquetas con el nombre puedes utilizar palos de polo, y así cada uno sabrá cuál es su maceta para llevársela a casa.

Material

Macetas pequeñas de arcilla
Pintura blanca
Pincel
Piedrecillas redondas
Pegamento
Pintura de relieve en varios
    colores
Un palo de punta fina
Palos de polo
Bolígrafos
Conchas
Plantas y abono para
    tiestos

1 Pinta de blanco el exterior de la maceta. Si prefieres, deja el borde sin pintar para crear un contraste. Espera hasta que la pintura esté seca.

2 Pega algunas piedrecillas alrededor de la maceta, cada cual a una altura diferente, dejando siempre un pequeño espacio entre ellas. Ya has empezado a darle forma a lo que será una bonita oruga.

3 Ahora dibuja un círculo con pintura de relieve alrededor de cada una de las piedras, así quedarán unidas componiendo el cuerpo de la oruga.

4 Con un palo de punta fina pinta las patas. Completa el motivo con diferentes colores, pintando la sonrisa, los ojos y otros detalles decorativos.

5 Dibuja un caracol en el extremo de un palo de polo y pega encima un caparazón para completar la figura del caracol. Cuando todo esté seco, pon la planta y el abono en la maceta y añade el palo decorado a modo de etiqueta.

Capítulo 3
Ideas para regalos y joyas

Azúcar de lavanda

Durante siglos la lavanda se ha usado como condimento en la cocina. Tiene un sabor fuerte, pero si añades solo una pizca en un bote de azúcar obtienes una mezcla maravillosa suavemente aromatizada que puede emplearse para hacer tartas o espolvorear galletas caseras. Asegúrate de que la lavanda que recoges no haya sido rociada con pesticidas.

Material
(para un bote de 340 g)

Ramilletes de lavanda fresca
Media taza (115 g) de azúcar extrafina
Un cuenco grande para mezclar
Un bote de vidrio con tapa
Papel decorativo
Tijeras
Cintas

1 Coge unas pocas ramitas de lavanda y quítale las flores hasta llenar una cuchara de postre. Intenta seleccionar solo las violetas y descarta las marrones.

2 Pon la azúcar en el cuenco y añade las flores de lavanda. Mezcla bien con una cuchara.

3 Coloca la mezcla en cucharadas dentro de un bote limpio y seco. Tápalo bien.

4 Para decorar el bote coloca un plato pequeño sobre el papel decorativo, dibuja el contorno y recorta el círculo. Coloca el círculo sobre la tapa y cíñelo con una cinta.

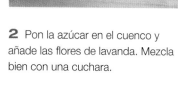

Bolsa con estampado de margaritas

Esta actividad es ideal para realizar en una fiesta, y cuando regreses a casa tendrás una bolsa y un regalito, ¡todo en uno! Las bolsas de percal lisas pueden encontrarse en todas las tiendas de manualidades y en internet, y vienen listas para ser decoradas con bonitos diseños, los mismos que puedes estampar en una camiseta blanca lisa.

1 Embadurna una ramita fina con pintura para tela y asiéntala verticalmente en el centro de la bolsa, de modo que la parte inferior quede alineada con el fondo de la bolsa. Haz presión a lo largo de la rama en todos sus puntos y levántala con cuidado. Si quieres, puedes utilizar la plantilla de la página 121 para estampar la figura de la flor.

2 Imprime dos tallos más a ambos lados del primero. Trata de conservar la misma distancia entre el tallo del medio y los de los costados. Pinta una sola cara de una hoja con pintura para tela verde y realiza dos estampados a cada lado de los tallos impresos.

3 Pinta una flor con pintura para tela y asiéntala en la parte superior del tallo. Asegúrate de que todos los pétalos estén en contacto con la tela para conseguir una buena impresión. Repite la operación con una flor nueva y un color diferente para coronar los otros dos tallos.

4 Emplea hojas pequeñas para estampar figuras en los bordes superior e inferior de la bolsa y a lo largo de las asas, cuidando siempre el contraste de colores. Presta atención a las instrucciones del fabricante sobre la aplicación de la pintura para tela.

Consejos

Ten en cuenta que deberás utilizar una flor bastante grande para plasmar su forma sobre la tela. Yo utilicé una margarita de tamaño grande, ya que es una forma apropiada para estampar y una flor que no se deshace fácilmente una vez que le has aplicado la pintura.

Broches de pizarra

Estos broches tan monos están hechos con trozos de pizarra, que a menudo se utiliza como material decorativo en los jardines. Escoge algunos trozos redondeados que sean planos y ligeros y que no tengan bordes afilados. Puedes pintar en tus broches lo que te apetezca, pero creo que si te decides por animalitos, tales como erizos o aves, quedarán de fábula sobre el color natural de la pizarra.

Material

Un pequeño trozo de pizarra
Pintura acrílica o metálica
Un pincel pequeño
Un rotulador negro
Un pin viejo
Pegamento

1 Con pintura metálica para cerámica dibuja sobre la pizarra la forma de un erizo o el modelo que te apetezca.

2 Una vez que la pintura esté seca pinta algunas púas blancas u otro detalle decorativo. Si lo deseas puedes usar la plantilla de la página 120 para dibujar un ave.

3 Con un rotulador negro completa tu dibujo añadiendo más púas, un hocico y una boca.

4 En la parte posterior de la pizarra adhiere el pin con pegamento. ¡Ya tienes el broche! Espera hasta que se seque bien antes de usarlo.

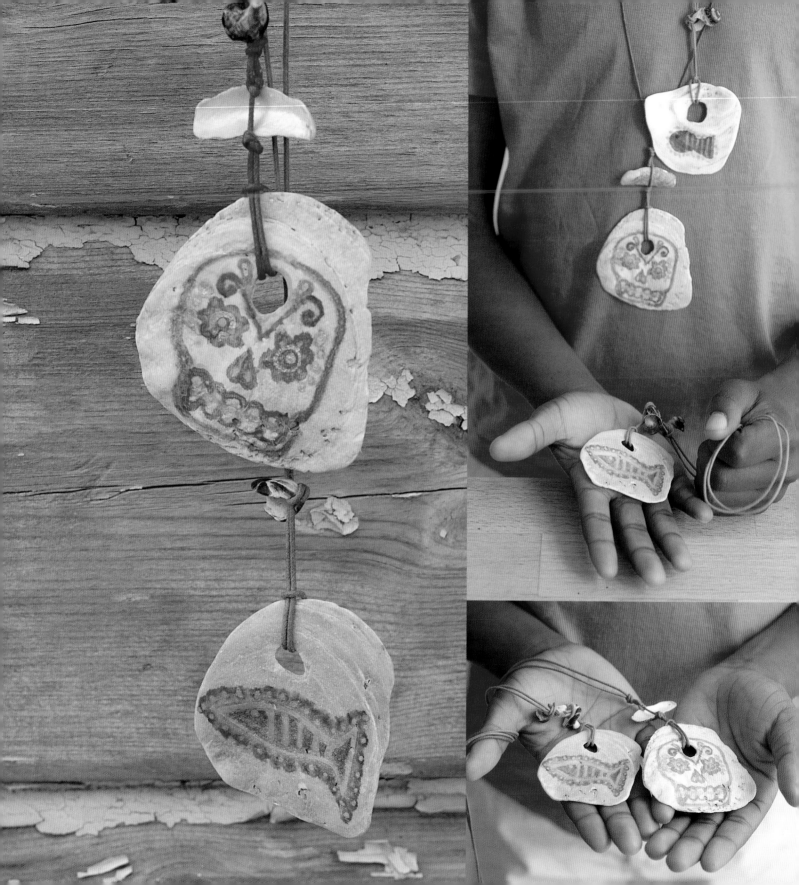

Medallones de mar

Cuando estés buscando conchas o piedras en la playa, fíjate si encuentras algunas con agujeros que se puedan convertir en adornos para llevar colgados. Yo encontré estas ostras planas que son perfectas para pintar. Tal vez encuentres una piedra que puedas llevar como colgante, siempre y cuando no pese mucho. Prueba con diferentes diseños: los peces van bien, y esta calavera coloreada con mucho brillo está inspirada en el arte tradicional mejicano.

Material

Conchas o piedras planas
   y agujereadas
Rotuladores o pinturas de
   diversos colores
Bolígrafo metalizado plateado
   o dorado
Un cordón de cera

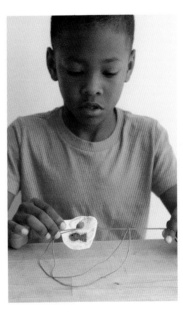

1 Asegúrate de que las conchas estén limpias y secas. Pinta o dibuja un motivo sobre la superficie. Una forma llamativa resaltará más (puedes utilizar las plantillas de la página 121).

2 Embellece tu dibujo. Decorándolo con un bolígrafo metalizado añadirás un poco más de brillo.

3 Corta un trozo de cordón lo bastante largo como para que pase fácilmente por tu cabeza, dejando unos cuatro centímetros extras para hacer los nudos. Dobla el cordón por la mitad de modo que se forme un lazo, y ensarta las puntas por el agujero de la concha y luego por el lazo. Tira con fuerza.

4 Enhebra un par de conchas más y átalas por encima del medallón. Para acabar ata las puntas del cordón asegurándote de que el collar tenga el largo apropiado.

Envoltorio de helecho y lazo de pino

Las delicadas y bonitas frondas de los helechos son ideales para estampar, convirtiendo así un ordinario papel marrón de embalar en un precioso envoltorio. Para la tarjeta con forma de pajarillo utilicé un trozo de corteza de abedul, pero si no puedes encontrar uno de estos árboles puedes hacerla con hojas secas o con un trozo del envoltorio que vas a diseñar.

Material
Papel de cocina
Frondas de helecho
Pintura de diferentes colores
Pincel
Papel de embalar marrón
Piñas y bellotas no muy grandes
Cintas de rafia
Un trozo de corteza
Un trozo de cartulina
Cola
La plantilla de la página 121
Papel de calco y lápiz
Tijeras
Perforadora

1 Coloca algunas hojas de helecho sobre un trozo de papel de cocina. Cúbrelas de un solo lado con pintura.

2 Apoya el lado pintado de la hoja sobre el papel. Presiona con cuidado, asegurándote de que toda la superficie de la hoja esté en contacto con el papel. Realiza más impresiones empleando diferentes colores hasta que estés a gusto con el diseño de tu envoltorio. Deja secar.

3 Para hacer el lazo simplemente ata algunas piñas de pino o bellotas a lo largo de una cinta de rafia (escoge una de un color brillante), dejando entre un adorno y otro el mismo espacio.

4 Para hacer la tarjeta pega la corteza a un trozo de cartulina. Calca la plantilla del pajarillo de la página 121 y recórtala. Coloca la plantilla sobre la base de corteza y cartulina y dibújala.

5 Recorta la silueta del pajarillo y hazle una perforación para representar el ojo. Enhebra la cinta en la tarjeta.

Brazaletes de fieltro y conchas

Siempre es gratificante encontrar conchas enteras en la playa, pero también lo es recolectar fragmentos de conchas desgastadas por el mar. La variedad de colores es inmensa. Desde las rosa perla hasta las anaranjadas pasando por todos los matices de azul y púrpura. Ponlas todas en hilera y tendrás un brazalete precioso y único. Haz uno especial para una amiga: será un regalo sensacional. También puedes crear broches y anillos y una colección de joyas.

Material

Fieltro
Tijeras
Fragmentos de conchas
Una concha pequeña para el
  cierre
Aguja e hilo de coser

1 Corta una tira de fieltro de 1,5 cm de ancho. Mide el largo envolviendo la tira alrededor de la muñeca. Antes de cortarla añade dos centímetros más para solaparla.

2 Cose los fragmentos de conchas cruzando el hilo de un lado al otro, formando una estrella sobre las piezas. La primera irá cosida a 1,5 cm de una de las puntas. Mantén el mismo espacio entre las conchas, y deja dos centímetros libres en la otra punta del fieltro.

3 Pliega la punta de dos centímetros y haz un pequeño corte con la tijera en el medio del fieltro. Intenta no realizar el corte demasiado cerca del borde.

4 Para acabar, cose una concha pequeñita en la otra punta del fieltro, que será el botón de abrochar.

Un cuenco de hielo y flores

Agua y flores frescas es todo lo que necesitas para crear este precioso cuenco. Llénalo con frutas y déjalo como centro de mesa en una fiesta de verano. Tus amigas se sorprenderán y pensarán que eres sorprendentemente creativa cuando se den cuenta de que solo está hecho con agua.

Material

Dos cuencos redondos, uno más pequeño que el otro (2 cm menos de diámetro)
Una jarra de agua
Varias hojas y flores frescas
Un contrapeso, como por ejemplo una piedra o un tarro

1 Vierte agua en un cuenco hasta alcanzar una altura de 2,5 cm y mételo en el congelador. Tardará entre una y dos horas en solidificarse.

2 Una vez que la primera capa se haya congelado, coloca el cuenco pequeño dentro del grande. Toma algunas hojas y flores frescas y colócalas dentro del espacio entre los dos cuencos.

3 Una vez que el espacio entre los dos cuencos esté lleno con flores vuelve a echar agua con cuidado hasta el borde, sin dejar que salgan las hojas o flores.

4 Verás que el cuenco interior empieza a flotar, así que utiliza una piedra o un tarro como contrapeso. Déjalo todo en el congelador unas horas. Sácalo quince minutos antes de que vayas a usarlo. Esto hará que el hielo se derrita un poco y sea más fácil separar los cuencos.

Consejos

A todo el mundo le apetece un helado en un caluroso día de verano, así que ¿por qué no hacer uno gigante con forma de cuenco para compartir con tus amigos? Utiliza zumo de fruta y algunas frutas pequeñas en lugar de agua y flores, y ponlo en el congelador.

Una fuente de hojas

Hoy en día las plantas tropicales son muy populares y se encuentran tanto en el interior como en los jardines. Puede que en tu jardín tengas una con hojas largas y finas que te sean útiles para crear una fuente muy original. Pon algunas frutas en una de estas fuentes y sírvelas en un picnic de verano. ¡Será realmente especial!

Material

Hojas largas y finas, como las
   hojas de palmera
Tijeras
Clips
Cintas de rafia

1 Decide cuál será el largo de tu fuente y corta algunas hojas de esta medida. Recorta el tallo duro del medio por ambos lados para que te queden dos trozos iguales de la misma hoja. Descarta el tallo.

2 Coloca las tiras de las hojas una al lado de la otra, y empieza a entrelazar algunas tiras cruzadas a lo ancho. Recuerda que si empiezas entrelazando la primera por debajo de las tiras dispuestas a lo largo, la segunda deberás pasarla por encima.

3 Continúa hasta que tengas un tejido de cinco o seis tiras entrelazadas, dependiendo del largo de tu fuente. Las tiras que van a lo ancho deben estar separadas por una distancia aproximada de dos centímetros.

4 Recorta los extremos de las tiras horizontales (las que van a lo ancho), dejando una extensión de cuatro centímetros a cada lado. Pliégalas hacia el interior de la fuente y mete dentro los extremos para que no queden sueltos. Asegúrate de que el pliegue de cada hoja horizontal quede bien ceñido al borde de las tiras verticales (las que van a lo largo).

5 Junta con clips los dos extremos del largo, sujetando las tiras verticales mientras las atas con una cinta de rafia de color. Quita los clips y corta los cabos de la cinta como último retoque.

Capítulo 4
Personajes coloridos

Macetas con rostros divertidos y frondosos peinados

Material

Pintura de diferentes
    colores
Pincel
Una maceta
Barniz
Piedras
Abono para tiestos
Semillas

Es genial echar una mano en la cocina y ponerse a cocinar. ¡Y qué mejor manera de comer saludablemente que tener tus propios cultivos! Crea un pequeño herbario para la repisa de la ventana y podrás iniciarte como chef experimentando con diferentes sabores en tus recetas. Alinea algunas macetas y píntales diferentes rostros, y luego ponte a cultivar peinados frondosos, locos, ¡y deliciosos!

1 Pinta la forma de una cara en la maceta. Asegúrate de que el rostro ocupe todo el frente, desde arriba hasta abajo.

2 Decora el rostro dibujando ojos, nariz y boca, y si te apetece, unas gafas. Cuando la pintura esté seca puedes darle al tiesto una capa de barniz. Esto hará que la pintura sea más resistente, aunque no es imprescindible.

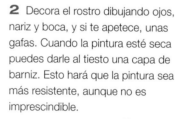

3 Coloca algunas piedras pequeñas en el fondo de la maceta para ayudar a escurrir, y luego llénala con abono hasta los tres cuartos.

4 Esparce algunas semillas de hierbas sobre la superficie. Si usas semillas de berro no necesitas añadir más tierra encima. Para otras hierbas, añade una capa fina de abono. Coloca la maceta en un sitio soleado y recuerda regar tus semillas mientras asoma la «cabellera».

Consejos

Si quieres un peinado al instante compra una pequeña planta de hierba.

Macetas con rostros divertidos... **87**

La familia Flores

Los personajes de esta pequeña y encantadora familia están hechos con flores secas, que puedes poner a secar tú mismo. Algunas flores sirven más que otras, así que vale la pena experimentar. Con unas cintas de rafia y un poco de imaginación pronto tendrás una familia de flores para esconder en el jardín.

Material

Un surtido de flores secas, hierbas, agujas de pino, vainas y cortezas
Tijeras
Cinta de rafia de varios colores
La plantilla de la página 122
Pegamento
Papel de calco y lápiz

1 Para la falda de la señora Flores necesitarás una flor seca, y otra flor o una vaina que vaya bien para hacer la cabeza. Deja a cada flor unos tres centímetros de tallo y átalas con una cinta de rafia.

2 Enrolla la rafia para formar el cuerpo, dejando sobresalir dos puntas a los lados que serán los brazos. Haz un nudo en el extremo de ambos cabos para dar forma a las manos.

3 Introduce dos ramitas por debajo de la flor-falda a modo de piernas. Puede que necesites pegarlas.

4 Para crear al señor Flores he utilizado agujas de pino. Sepáralas en dos manojos para hacer las piernas. Ata la parte inferior de ambos manojos y empareja los bordes con un corte de tijeras para simular los pies.

Consejos

Secar flores es muy sencillo. Ata unas cuantas por la parte inferior del tallo, en pequeños ramos. Cuélgalas al revés en un sitio oscuro y cálido. El fondo de un armario puede ser un buen lugar. Déjalas allí durante tres o cuatro semanas hasta que estén completamente secas.

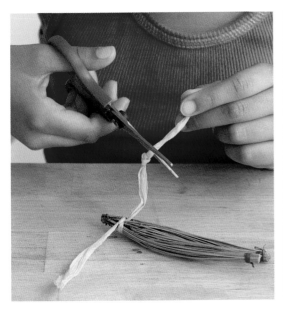

5 Ata el manojo de agujas con una cinta de rafia por la parte superior para hacer los brazos, haciendo un nudo en el extremo de cada cabo, como hiciste en el paso 2.

6 Envuelve el manojo con una rafia de otro color para componer el torso, y pega encima una flor, que será la cabeza.

7 Para hacer el perro, copia la plantilla de la página 122 y dibújala con lápiz blanco sobre una corteza de árbol.

8 Recorta cuidadosamente la figura sobre la corteza y átale un trozo de rafia al cuello a modo de correa.

Retrato de una sirena

Siempre regreso de la playa con un bolsillo lleno de conchas marinas. A veces, al cabo de un tiempo, meto la mano en un bolsillo de la chaqueta y descubro que todavía están allí. Tenerlas en la mano me trae recuerdos de los paseos por la costa. Aquí te doy una idea para que utilices todas esas conchas creando una obra de arte única que quedará de maravillas expuesta en una repisa del lavabo, o bien entre tiestos y plantas como un original ornamento de jardinería.

Material

Una pieza de madera en la que quepa la plantilla de la sirena y quede algo de espacio libre alrededor
Pintura acrílica blanca
Pincel
Un trozo de tela
La plantilla de la página 123
Papel de calco y lápiz
Tijeras
Conchas
Pinturas o rotuladores de diferentes colores
Pegamento

1 Pinta la pieza de madera con pintura acrílica blanca. Antes de que se seque, coge un trozo de tela húmeda y quita frotando un poco de pintura para darle al fondo de la madera un aspecto desvaído y marino. Calca la figura de la sirena de la página 123. Recórtala y ponla sobre la madera. Dibuja el contorno con un lápiz.

2 Escoge una concha apropiada para el rostro de la sirena. Pinta o dibuja los ojos, la nariz, la boca y las mejillas. Pégala donde corresponde.

3 Rellena con las conchas las áreas del pelo, el cuerpo y la cola. Una vez que estés satisfecha con el mosaico, encola la madera y pega las conchas en su sitio.

4 Añade algunas conchas pequeñas para hacer los brazos y pega algunas más en los bordes de la madera para crear un marco.

Consejos

Cuando estés paseando por la playa busca trozos de madera que puedan servirte de fondo para el retrato de la sirena.

Extrañas criaturas de madera

Mientras exploras la playa presta atención a los trozos de madera. Una forma interesante desgastada por el mar puede ser una belleza en sí misma. Varios trozos pequeños pueden unirse para crear esculturas. Reúne algunas piezas de madera y cuando llegues a casa estúdialas una por una, mirándolas de un lado y del otro. Puede que en una pieza veas la cabeza de un extraterrestre, en otra un par de patas. Empieza a unirlas para crear una criatura. Cada una se convertirá en un personaje único e irrepetible.

Material

Trozos de madera
Pegamento
Pintura acrílica de varios
   colores
Pincel
Cuerda o cordel

1 Prueba combinando los trozos de madera de diferentes maneras. Cuando el modelo te convenza ármalo pegando las piezas. Es probable que tengas que sujetar algunas partes hasta que el pegamento esté seco.

2 Aplica una base de pintura blanca o de otro color, según tu preferencia. Espera antes de añadir más colores encima.

3 Pinta los ojos y la boca. Para el cuerpo utiliza colores vivos. Creo que queda bien dejar algunos trozos de madera al descubierto.

4 Con cualquier cuerda o cordel puedes hacerle los brazos y las patas. Pega los trozos y espera hasta que se seque el pegamento. Luego ya podrás ponerte a jugar con tu extraña criatura.

Personajillos silvestres

El otoño es la mejor estación para explorar en la naturaleza. El suelo está cubierto de hojas caídas en preciosos rojos y naranjas, los jardines y setos están llenos de pequeñas frutas y vainas, y hay bellotas, piñas y hierba para recolectar. ¿Quién puede resistirse a recoger las preciosas y relucientes castañas? Aprovecha la generosidad del otoño para crear estos personajillos tan chulos. Yo he usado una mini calabaza seca como cabeza, aunque una castaña también iría bien, y una bellota, bueno, ¡eso ya sería una cabeza con sombrero y todo!

Material

Pintura de todos los colores
Un pincel pequeño
Mini calabazas secas, bellotas o castañas
Granos de pimienta roja o abalorios
Piñas
Pegamento
Hilo cera o cordel
Tijeras
Una cesta de madera, musgo, cinta (opcional)

1 Usa un pincel pequeño para pintar el rostro del personaje. Para hacerle la nariz te servirá un grano de pimienta roja o un abalorio.

2 Adhiere la cabeza al cuerpo. Para el cuerpo yo utilicé una piña. Deja que se seque el pegamento. Corta dos pares de hilos encerados o de cordel, de diferentes medidas, uno para las patas y otro para los brazos.

3 En cada extremo de los hilos pega un grano de pimienta roja o un abalorio. El personajillo ya tienes manos y pies. Ahora solo tienes que pegárselos en el cuerpo. Una vez que lo hagas deja secar.

4 Para mantener estos personajillos silvestres a salvo puedes proporcionarles una pequeña cesta. Llénala con musgo y decórala con cintas u hojas secas. Después coloca tu creación dentro para que todos la vean.

Capítulo 5
Animales sorprendentes

Pajarillos en sus nidos

En otoño algunas flores y arbustos empiezan a morir y suele ser la mejor época para salir a recolectar. Encontrarás vainas y cabezas de semillas de formas asombrosas que puedes transformar en bonitos animales. Si echas un vistazo a tu colección verás que hasta las cosas más pequeñas pueden inspirarte. Algunas ideas: una planta espinosa puede acabar siendo un erizo, y una vaina, un gusano. Puede que no dispongas del mismo tipo de cabeza de semilla que he usado para crear estos pajarillos, pero seguro que si miras a tu alrededor encontrarás algo que te sirva. Los pajarillos son diminutos, así que una cáscara de nuez puede ser para ellos un nido perfecto y acogedor.

Material

Cáscaras de nueces
Pintura de varios colores
Un pincel pequeño
La plantilla de la página 122, papel de calco y lápiz (opcional)
Pequeños trozos de fieltro de varios colores
Tijeras
Pegamento
Cabezas de semillas secas
Granos de pimienta
Musgo seco
Plumas pequeñas

1 Dale una capa de pintura al exterior de la cáscara de nuez. Para estas he escogido un bonito color pastel. Espera hasta que la pintura esté seca.

2 Recorta un triangulito de fieltro de una esquina de la pieza (o utiliza la plantilla de la página 122) y aplícale pegamento en uno de los bordes. Pégalo en la cabeza de semilla. Ya tienes el pico. Dale ojos al pajarillo pegando dos granos de pimienta.

3 Para darle un poco de vida pinta dos puntitos blancos en los ojos de pimienta.

4 Ahora prepárale el nido, poniendo un poco de musgo seco en el interior de la cáscara de nuez. Coloca al pajarillo en su nido, y detrás de él una pequeña pluma como toque final.

Ratones orejones

He aquí otro uso que puedes dar a las bonitas conchas que trajiste de una excursión a la playa. Utiliza piezas de diferentes tamaños para crear una familia entera de ratones. Si no encuentras las mismas conchas que yo he usado no te preocupes. Experimenta con las que tienes a mano. Es probable que acabes creando un ratón diferente, ¡pero será igual de mono!

Material

Un surtido de
  conchas
Pegamento
Cordel
Tijeras
Cinta de rafia
Rotulador negro

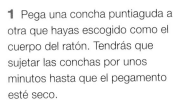

1 Pega una concha puntiaguda a otra que hayas escogido como el cuerpo del ratón. Tendrás que sujetar las conchas por unos minutos hasta que el pegamento esté seco.

2 Ahora pega las orejas. Una concha doble sería ideal, pero si no tienes ninguna no te preocupes. Con dos piezas similares del mismo tamaño ya está bien. Sujétalas en su lugar mientras quedan fijadas con el pegamento.

3 Corta un trozo de cordel para hacer la cola y pégalo debajo del cuerpo.

4 Corta algunos trocitos de rafia y pégalos debajo de la nariz. El ratón orejón ya tiene bigotes. Para acabar dibújale unos ojitos negros.

Bichos de ojos saltones

Las piñas de pino de todas las formas y tamaños son uno de mis hallazgos favoritos cuando salgo de paseo por el bosque. Tengo un cuenco lleno de piñas que he pintado de blanco y plateado para Navidad, y otras sin pintar ensartadas en una cinta formando una alegre guirnalda. También sirven de base para crear estos raros y maravillosos bichos de ojos saltones. Con algunas bellotas, hojas y cortezas podrás hacer las demás partes del cuerpo.

Material

Hilos de cera o cordeles de
 colores
Tijeras
Piñas, ramitas, hojas, cortezas,
 flores secas
Trocitos de fieltro de color
Pegamento

1 Corta tres trozos de hilo encerado o cordel de unos veinte centímetros. Hazles un nudo en la punta para representar los pies. Átalos a la piña por el medio, dejando que cuelguen a modo de patitas.

2 Encuentra algo apropiado para hacer los globos oculares. Yo he utilizado la parte interior de dos piñas. Pégalas en su posición.

3 Recorta algunos circulitos de fieltro para añadir los ojos. Necesitarás algunos más pequeños y de un color que contraste con los más grandes, para pegarlos en el centro a modo de pupilas. Una vez adheridos los círculos, pégalos donde corresponde y ya tendrás un par de ojos saltones.

4 Para añadir las alas pon unas gotas de pegamento en los resquicios de la parte posterior de la piña, e incrusta allí mismo un par de hojas secas y trocitos de corteza. Para colgar el bicho simplemente átalo por el medio con una cinta o un hilo.

Mascotas con cara de piedra

Material

Fieltro de varios colores
Piedras
Pegamento
Tijeras
Papel blanco liso
Rotuladores de colores

Me encanta recoger piedras en la playa. Siempre hay algunas que me llaman la atención, sobre todo cuando están mojadas y brillan. Uno de nuestros juegos favoritos cuando caminamos por la playa es ver quién encuentra la mejor cara en una piedra. Fíjate en aquellas con agujeros, pues ya suelen venir con ojos y una sonrisa. Añádele brazos, piernas y pelo y enseguida tendrás una mascota adorable. Ya sean guapas o espeluznantes, cada una tendrá su propia personalidad.

1 Recorta algunos pares de pies de fieltro, y de paso algunos brazos y un peinado, variando siempre los colores. Observa tus piedras detenidamente. Es probable que una tenga el aspecto de un dragón, así que podrías recortar un trocito de fieltro para hacer el lomo. Otra puede parecerse a un extraterrestre, así que quizá quieres hacerle unos tentáculos con ojos.

2 Utiliza un rotulador oscuro para dibujar los ojos sobre circulitos de papel blanco. Recorta los ojos y pégaselos a tu mascota.

3 Añade con pegamento las patas y los brazos de fieltro, y también el pelo. Puede que tengas que sujetar cada cosa en su sitio hasta que el pegamento haga efecto.

Consejos

Utiliza restos de lana para dar forma a un peinado superguay. Los limpiapipas de colores vivos también te servirán para hacer brazos y patas molonas. Con solo doblarlos en las puntas tendrás las manos y los pies.

Familia de lechuzas

Esta familia de lechuzas tiene un *look* retro divertido, sobre todo por el estilo decorativo tan colorido. Puedes emplear pinturas acrílicas o rotuladores de punta fina, que te serán útiles para colorear los pequeños espacios. Mientras buscas la piedra perfecta, fíjate que tenga una base plana para que pueda mantenerse recta sin apoyo. Escoge piedras de diferentes tamaños para que puedas crear la familia completa.

Material

Piedras lisas
Pincel
Pintura acrílica blanca
La plantilla de la página 122, papel de calco y lápiz (opcional)
Pinturas o rotuladores de colores
Barniz

1 Asegúrate de que las piedras estén limpias y secas. Decide qué lado va a ser la cara de la lechuza y píntalo de blanco. Espera que se seque.

2 Pinta o dibuja tu propia lechuza. Lo más fácil es empezar por los ojos. Usa muchos colores vivos. Yo hice los ojos con forma de flor para darle un aire retro. (Si quieres, copia la plantilla de la página 122.)

3 Píntale alas y decórala con puntos, rayas o flores. ¡Cuanto más alegre mejor!

4 Al final, si te apetece, puedes darle a tu lechuza una capa de barniz para acentuar el brillo. Haz algunas lechuzas más de la misma manera, y una vez que la pintura se seque colócalas en el estante del baño para que vigilen.

Un jardincito mágico

Cuando era niña, uno de mis pasatiempos favoritos era construir jardines en miniatura. Hasta fabricaba las sillas y las mesas con los cubiertos y los platos de comida hechos con hojitas y semillas. Este jardín es muy especial, con su caminito serpenteante que conduce hasta un grupo de casitas. Deja volar tu imaginación, y con ramas, piedras y musgo crea y decora tu propio mundo de fantasía.

Material

Cortezas, piñas de pino, ramas
Pegamento
Pintura de colores
Pincel
Un tiesto u otro recipiente apropiado
Plantas o abono para tiestos
Piedrecillas, trozos de pizarra, cáscaras de nueces

1 Para construir tus casitas de fantasía, empieza con un trozo de corteza. Trata de romperlo en un extremo de modo que te quede un tejado con punta. Arranca algunos trozos de una piña y pégalos sobre la corteza para hacer las tejas.

2 Sigue pegando trocitos de piña u hojas secas para completar la parte superior del tejado y hacer las puertas y las ventanas.

Consejos

¿Por qué no crear otro mini jardín para colocar en la ventana de la cocina? Puedes utilizar un bote o una maceta más pequeña, o incluso cartón de huevos, y plantar berro u otras hierbas que puedas usar para cocinar.

3 Pinta algunas tejas con tonos anaranjados. Luego pinta las puertas, ventanas y cortinas. Si quieres, construye otras casitas.

4 Para hacer la verja corta algunas ramitas de la misma medida. Píntalas de blanco y ponlas en hilera. Cuando la pintura ya esté seca pega una sola ramita horizontal sobre las otras y ya tendrás lista la verja.

5 Sobre una corteza fina recorta algunas figuras con forma de hongos. Píntalos de rojo y blanco. Espera hasta que se seque y añade algunas pintitas blancas sobre el fondo rojo de la parte superior.

6 ¡Y ahora viene lo más divertido! Monta tu propio jardín colocando pequeñas plantas con su abono dentro de un tiesto o un recipiente apropiado. Si colocas plantas de verdad verás cómo tu jardín mágico empieza a crecer.

7 Entre las plantas puedes dejar pequeños espacios para un caminito de pizarras, piedras decorativas y hasta un estanque diminuto hecho con una cáscara de nuez.

8 Para acabar haz un hueco entre las plantas y coloca las casitas, la verja y los hongos, y espera a que un personaje de fantasía se instale a vivir en ese mundo mágico que tú has creado.

Lista de cosas para recolectar

En el bosque:

- [ ] Hojas caídas
- [ ] Hojas perennes
- [ ] Ramitas
- [ ] Castañas
- [ ] Bellotas
- [ ] Cabezas de semillas
- [ ] Piñas de pino
- [ ] Hierbas
- [ ] Nueces
- [ ] Flores

En el jardín:

- [ ] Tiestos
- [ ] Ramitas
- [ ] Flores secas
- [ ] Margaritas
- [ ] Guijarros
- [ ] Piedras
- [ ] Botones de oro
- [ ] Dientes de león
- [ ] Helechos

En la playa:

- [ ] Arena
- [ ] Conchas
- [ ] Madera
- [ ] Piedrecillas
- [ ] Cuerda
- [ ] Algas
- [ ] Cristales de mar

En casa:

- [ ] Cáscara de naranja
- [ ] Cáscara de limón
- [ ] Corteza de melón
- [ ] Huesos de melocotón
- [ ] Bolsas de plástico
- [ ] Retales de tela y cintas
- [ ] Hojas de plantas de interior
- [ ] Flores secas
- [ ] Granos de pimienta
- [ ] Nueces

Plantillas

Todas las plantillas tienen la medida justa, así que si vas a usarlas para tus creaciones no necesitarás ampliarlas. Para muchos proyectos tendrás que pasar la plantilla a un papel o cartulina, usando papel de calco. Coloca el papel de calco sobre la plantilla y fíjalo con celo. Dibuja el contorno y las líneas interiores con un lápiz duro (2 H), luego da vuelta el papel y vuelve a trazar las líneas en el dorso con un lápiz más blando (HB). Después da vuelta otra vez al papel de calco y ponlo sobre el papel de tu elección o cartulina. Vuelve a remarcar todas las líneas de la plantilla con un lápiz duro y retira el papel. El resultado será una silueta nítida y definida.

Si no encuentras algunos de los materiales naturales para realizar un trabajo no te preocupes. Puede que no se consigan en esa estación o no crezcan en la región donde vives. Por eso te proporcionamos algunas plantillas que puedes usar como reemplazo de estos materiales difíciles de encontrar. Si bien las ilustraciones de algunos proyectos son solo un ejemplo de lo que tú podrías diseñar, también te ofrecemos otras plantillas en caso de que quieras hacer una reproducción exacta de los modelos de las fotografías. Sin embargo lo mejor es que intentes dibujar tus propios modelos, es mucho más divertido cuando creas algo tú mismo.

Mariposa de flores prensadas
Plantillas de pétalos y flores.
Página 24.

Mariposa de flores prensadas
Plantillas de pétalos y flores.
Página 24.

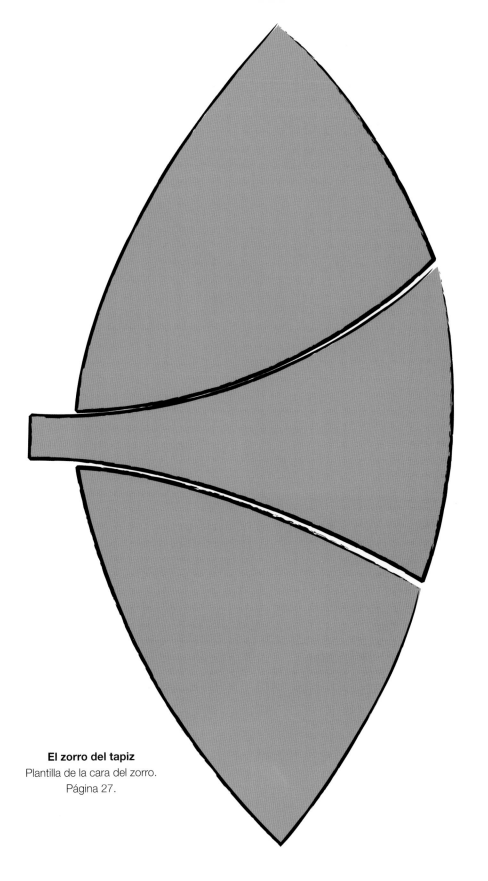

El zorro del tapiz

Plantilla de la cara del zorro.

Página 27.

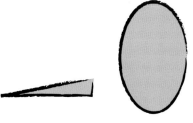

Pájaros colgantes

Plantilla del pico y las alas.

Página 39.

Un escenario marino

Plantilla de las casas de playa.

Página 33.

**Frotado sobre corteza
y un marco elegante**
Plantilla del pajarito.
Página 34.

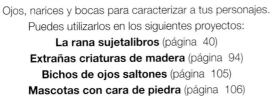

Ojos, narices y bocas para caracterizar a tus personajes.
Puedes utilizarlos en los siguientes proyectos:

La rana sujetalibros (página 40)
Extrañas criaturas de madera (página 94)
Bichos de ojos saltones (página 105)
Mascotas con cara de piedra (página 106)

Plantillas **119**

Arte aborigen
Plantilla del lagarto.
Página 42.

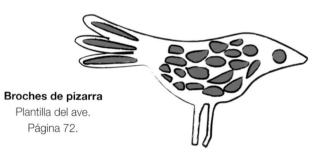

Huevos decorados
Plantilla de la hoja.
Página 46.

Broches de pizarra
Plantilla del ave.
Página 72.

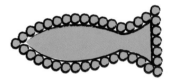

Medallones de mar
Plantilla del pez y la calavera.
Página 75.

**Bolsa con estampado
de margaritas**
Plantilla de la margarita.
Página 71.

**Envoltorio de helecho
y lazo de pino**
Plantilla de la tarjeta de regalo.
Página 76.

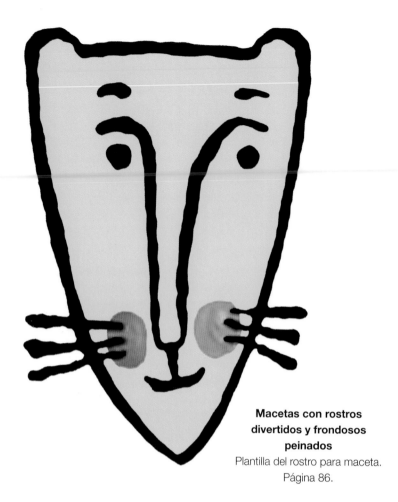

La familia Flores
Plantilla del perro.
Página 89.

Pajarillos en sus nidos
Plantilla del pico.
Página 100.

**Macetas con rostros
divertidos y frondosos
peinados**
Plantilla del rostro para maceta.
Página 86.

Familia de lechuzas
Plantilla de la lechuza.
Página 108.

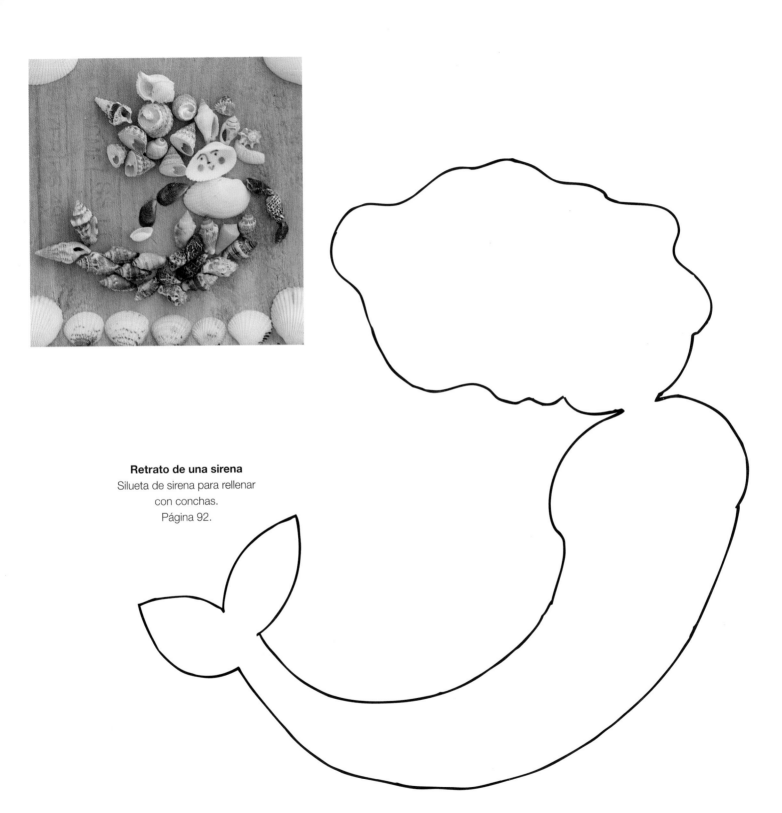

Retrato de una sirena

Silueta de sirena para rellenar
con conchas.
Página 92.

Agradecimientos

Quiero dar las gracias especialmente a Cindy, Pete y Sally. Gracias al diseñador, Jacqui Caulton, por haber creado este libro divertido y con estilo. Gracias a Claire Richardson por sus preciosas fotografías y a Ellie por ayudarme incluso en un estado avanzado de su embarazo. Gracias a todos nuestros modelos, ¡que han trabajado como auténticos profesionales! Ellos son Aiden, Alice, Che, Flora, Freya, Harry, Harvey, Honaka, Keo, Lola, Orla y Rosy. Gracias a Bill y a Jo por dejarme usar su maravilloso jardín. Gracias a Karen, Gilbert, Birdie y Edie por haberme acompañado en varias exploraciones. Y por último, un agradecimiento especial a mi familia, a Ian, Milly, Florence, Henrietta y Harvey por todo el ánimo y el apoyo que me han dado.

Índice